FÉLIX-HENRI BOUDET

1806-1878

FÉLIX-HENRI BOUDET

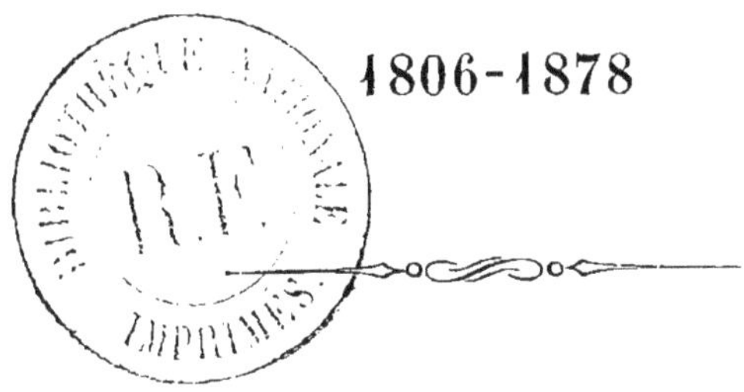

1806-1878

Le plus précieux des patrimoines, c'est l'héritage d'honneur transmis par les ancêtres. Plusieurs générations ont apporté à notre famille des exemples de travail, de dévouement, de sacrifice, et des mémoires sans tache. Mais je puis dire avec un douloureux et légitime orgueil que, parmi ses devanciers, nul n'a porté plus loin que mon père la pratique des vertus qui font l'honneur de la vie privée et de la vie publique. Dans notre époque troublée, où la solidité des principes et la fermeté des caractères font si souvent défaut, j'ai pensé qu'il ne serait pas sans intérêt pour ses petits-enfants de retracer brièvement les principaux traits de cette vie modeste, laborieuse et utile entre toutes.

Elevé par une pieuse mère, dont le pur et doux souvenir a éclairé toute sa vie, par un père qui joignait à un amour passionné du devoir un sens droit et une grande austérité de mœurs, doué lui-même des qualités les plus généreuses et d'un cœur profondément affectueux, mon père a donné durant toute sa vie l'exemple des vertus qu'il avait reçues en héritage et dont il nous a transmis le précieux dépôt. Il était né à une époque sans précédents dans notre histoire. Brisée par dix ans d'anarchie, de terreur et de luttes intestines, après avoir délaissé la foi de ses pères, fermé les temples du vrai Dieu et adoré la Raison humaine et le vice divinisés, la France avait oublié les siècles de prospérité lentement progressive qu'elle avait dus à la protection de Dieu, visiblement écrite à toutes les pages de son histoire. Napoléon avait rouvert les temples; mais le sentiment religieux, l'esprit vraiment catholique ne rentraient que bien lentement dans les mœurs. Et si, par l'influence timide des femmes, la religion venait se rasseoir au foyer domestique, presque partout le cœur de l'homme lui restait encore opiniâtrément fermé.

Mon père ne put échapper à ces influences. A sept ans il avait quitté sa mère et ses douces leçons. Il ne conserva pas longtemps la pratique religieuse au milieu de la vie de pension un peu rude pour son jeune âge. Mais s'il perdit la foi à la religion révélée, il fut toujours profondément spiritualiste, profondément respectueux des cérémonies du culte, et Dieu, cherché par lui dans toute la sincérité d'une vie pure et passionnée pour le bien, devait couronner ses dernières années par l'inappréciable bienfait de la vérité pleinement reconquise et ardemment aimée.

Mon père, Félix-Henri Boudet, naquit à Paris le 22 mai 1806, dans une vieille maison de la rue du Four-Saint-Germain, aujourd'hui démolie, qui a vu naître ou grandir trois générations de notre famille. Son père et sa mère, dont il était le premier enfant, entourèrent des soins les plus tendres ses jeunes années. Il leur en fut toute sa vie profondément reconnaissant. Son amour et son respect pour eux, sa soumission à leurs moindres désirs, les précautions minutieuses qu'il prenait pour leur éviter les plus légères contrariétés firent l'admiration de tous ceux qui l'approchaient.

Mon frère et moi nous avons conservé le souvenir de ce culte de la piété filiale, qui fut porté chez mon père à un si haut degré. Dès notre enfance et jusque sur son lit de mort, les devoirs des enfants envers leurs parents furent le fréquent sujet de ses entretien et de ses leçons. Souvent il nous fit remarquer que le quatrième commandement de Dieu est le seul à l'accomplissement duquel soit attachée dès cette vie la promesse d'une récompense :

Tes père et mère honoreras
Afin que tu vives longuement.

A sa dernière heure, en nous recommandant d'une manière si touchante notre bonne mère, les paroles de ce commandement divin revinrent encore sur ses lèvres que la mort allait glacer.

Parvenu à l'âge de sept ans, ses parents, absorbés par les occupations professionnelles de la pharmacie dirigée par mon grand-père, le firent entrer comme pensionnaire à l'institution Massin. Il y retrouva ses jeunes cousins, Eugène et Polydore Boullay. Polydore, dont l'âge était plus en rapport avec le sien, devint son meilleur ami. Ils avaient tous deux des cœurs purs, des sentiments d'une rare délicatesse. Ils furent des écoliers modèles, des enfants passionnés pour le bien. Autour d'eux vinrent se grouper d'autres jeunes gens, animés des mêmes sentiments, avec lesquels mon père conserva toute sa vie des relations de solide affection.

Petit troupeau perdu au milieu de la corruption générale, ils surent se défendre des mauvais exemples et des mauvais conseils. Le respect qu'ils inspiraient à leurs camarades était si grand, que les conversations trop libres cessaient à leur approche.

L'institution Massin envoyait ses jeunes pensionnaires suivre les cours du collège Charlemagne. Mon père y fit de solides études et obtint de nombreux succès. Il sortit de pension, en 1823, pour passer son examen du baccalauréat.

Son enfance avait été laborieuse. Sa jeunesse le fut plus encore. Ses goûts le portaient à l'étude approfondie de la chimie, et l'on peut juger par les belles découvertes qu'il fit dans cette branche de la science, n'y pouvant consacrer que de rares instants, à quelle hauteur il se serait élevé, s'il avait eu la liberté d'appliquer aux études chimiques tout son temps et toute son ardeur.

Malheureusement mon grand-père, guidé par le désir bien légitime de voir prospérer entre les mains de son fils la maison à laquelle il devait sa fortune et sa considération, arrêta l'essor du jeune savant. A peine sorti de l'institution Massin, à peine reçu bachelier, mon père fut attaché à la pharmacie de la rue du Four en qualité d'élève, et dès lors la plus grande part de direction et de responsabilité reposa sur ses jeunes épaules. Toujours le premier levé, toujours le dernier couché, tel il fut comme élève en pharmacie, tel il fut plus tard comme chef de maison.

Les travaux pratiques de la pharmacie et du laboratoire ne pouvaient satisfaire la dévorante activité qui fut un des caractères les plus saillants de sa nature. Respectueusement soumis à son père qu'il aimait autant qu'il le vénérait, il avait fait passer le devoir avant la satisfaction de son goût pour la science et de ses légitimes ambitions ; mais il ne les avait pas à jamais sacrifiés. Il prit sur ses nuits pour se livrer à des études théoriques et put ainsi obtenir en 1828 le grade de bachelier ès sciences, en 1831 celui de licencié, et l'année 1833 il recevait, en même temps que le diplôme de pharmacien, celui de docteur ès sciences physiques.

Pendant qu'il travaillait assidûment pour se préparer aux examens du doctorat, il trouvait encore le temps de faire à ses amis de collège un cours de chimie élémentaire. C'était pendant l'hiver de 1831 à 1832. Le cours commençait à 6 heures du matin ; et l'exactitude des élèves, dont plusieurs demeuraient dans des quartiers éloignés, n'avait d'égale que le zèle du jeune professeur. Le choléra de 1832 interrompit les cours en imposant au maître des devoirs plus impérieux. Mon père fut envoyé au Gros-Caillou pour diriger un établissement d'eaux minérales artificielles créé par mon grand-père, mon grand-oncle, M. Boullay, et deux ou trois autres de leurs collègues. La crainte de l'épidémie fit prendre à cette fabrication une extension extraordinaire.

Mon père ne quittait pas le Gros-Caillou. Depuis six heures du matin jusqu'à une heure avancée de la nuit il travaillait sans relâche. Et par une exception bien rare, due peut-être aux émanations salutaires des matières qu'ils employaient, mon père et tous ses ouvriers échappèrent au fléau.

A cette ardeur pour le travail, qu'il conserva toute sa vie, mon père joignait un grand amour pour les pauvres et prenait plaisir à les soulager, à les visiter lui-même. Il en donna une preuve touchante peu de temps après sa sortie du collège. En 1828 il forma, avec ses deux cousins Boullay et plusieurs de ses amis, une petite association de bienfaisance pour secourir les indigents. Les associés se réunissaient à jour fixe pour mettre en commun leurs modiques ressources, délibéraient sur la manière la plus profitable de les employer, visitaient régulièrement les pauvres familles dont ils s'étaieut chargés, et, tout en prenant soin de leurs misères matérielles, cherchaient surtout à moraliser et à relever leurs âmes. Ainsi ces généreux jeunes hommes donnaient à l'organisation régulière de l'aumône et à la visite assidue des pauvres les moments perdus que tant d'autres trouvent trop courts pour les plaisirs. Comprenant que le spectacle et le soulagement de la misère sont la meilleure défense contre les entraînements d'un monde corrompu, ils mirent leurs jeunes vertus sous la protection de leur charité, et furent ainsi les précurseurs de ces admirables conférences de Saint-Vincent-de-Paul, répandues aujourd'hui dans tout le monde catholique.

Dans l'année 1833, mon père devint titulaire de la pharmacie qu'il dirigeait depuis longtemps en qualité de premier élève. Ceux qui l'ont connu se rappellent encore quels soins assidus, quelle consciencieuse attention il apporta toujours à l'exercice de ses devoirs professionnels. Succéder dignement à son père et à son grand-oncle, à deux hommes aussi remarquables que Pia et Deyeux, était une lourde tâche. On vit bientôt qu'elle n'était pas au-dessus de ses forces, et le renom de la maison ne fit que grandir entre ses mains. En 1834, il épousa ma mère, bien digne par le cœur et le dévouement d'être la compagne de cette noble vie. Pendant les quarante-quatre années qu'ils passèrent ensemble, les épreuves et les douleurs ne leur furent pas épargnées. Mais leur mutuelle et profonde affection les aida à tout supporter, jusqu'au jour où la mort vint briser sur la terre cette union si intime et si douce.

Le premier chagrin de mon père fut la mort de sa mère, et les circonstances cruelles dans lesquelles il la perdit lui laissèrent toute sa vie une profonde et douloureuse impression. Son frère Ernest, moins âgé que lui, jeune médecin d'un grand avenir, fut pris, en 1839, de crachements de sang qui inspirèrent les plus vives inquiétudes. Un voyage aux eaux des Pyrénées fut jugé nécessaire. Mon grand-père y accompagna son fils Ernest et laissa à Paris sa femme qu'il ne devait plus revoir. Epuisée par les inquiétudes que lui causait cette santé si chère, ma grand'mère, frappée d'une attaque d'apoplexie, succomba en quelques heures. Son mari et son fils arrivèrent dix jours après, ignorant encore ce fatal événement. Ce fut mon père qui eut le douloureux devoir de le leur apprendre. Ceux qui ont connu la sensibilité et l'exquise tendresse de son cœur, ont pu juger ce qu'il souffrit alors.

Dix ans plus tard, un nouveau deuil venait frapper notre famille. Mon oncle Ernest, dont la maladie avait été si funeste à sa mère, ne s'était jamais complètement rétabli. Emporté par la fougue d'une nature ardente au plaisir comme au travail, il ne sut pas se résigner à la vie calme et stérile qui aurait prolongé ses jours. Des voyages successifs à Hyères, en Italie et en Algérie réparèrent à diverses reprises ses forces épuisées. Mais dès que la santé lui était un peu rendue, il se remettait au travail avec une ardeur fébrile.

Insensible à l'exemple de tant de jeunes médecins qui, affrontant sans mesure dans les hôpitaux et les amphithéâtres des périls sans cesse renouvelés, ont payé de leur vie leur jeune célébrité, il devait subir le même destin. Son organisme, moins fort que son courage, finit par succomber. Il mourut à Groslay, maison de campagne de la famille, le 20 mars 1849, après avoir lutté pendant six mois contre le mal avec une douloureuse énergie. Moins de trois mois après, le 11 juin 1849, dévoré par la douleur, mon grand-père succombait lui-même à une attaque de choléra et allait rejoindre dans la tombe à peine fermée le fils qu'il avait disputé dix années à la mort.

Un troisième deuil suivit de près. Madame Michel, l'aînée des sœurs de mon père, avec laquelle il avait vécu dans la plus douce intimité, s'éteignait le 22 février 1850. Des revers de fortune et les inquiétudes qui en avaient été la suite, avaient épuisé son organisation naturellement frêle et délicate.

Ces malheurs de famille, répétés à de si courts intervalles, portèrent de trop rudes coups au cœur si aimant de mon père. Pendant la maladie de ces êtres si chers, il leur avait prodigué les soins les plus assidus. Il les avait vus mourir entre ses bras. La douleur de leur perte altéra profondément sa santé. Elle en reçut une si rude atteinte, que, l'année suivante, en 1851, pressé par ma mère et par ses amis, il dut abandonner la pharmacie pratique et céder sa maison à un jeune agrégé de l'École de pharmacie, qu'une mort soudaine enleva peu de temps après.

On avait espéré qu'une fois délivré du fardeau de ses occupations professionnelles, mon père partagerait son temps entre sa famille et ses affaires et prendrait un repos légitimement acquis. C'était mal le connaître.

Pendant les dix-sept années consacrées par lui à la pratique de la pharmacie, il avait trouvé tous les jours quelques instants pour les travaux du laboratoire. Des mémoires remarquables, des découvertes précieuses avaient été publiés par lui. Lorsque la vente de sa maison lui eut rendu la liberté, il n'en profita que pour donner à la science tout le temps dont il pouvait disposer. Et même, comme les études théoriques, les travaux chimiques avaient pour lui plus d'attrait, il s'y dépensa avec une ardeur plus grande encore. Le repos espéré ne vint jamais.

Je n'en finirais pas si je voulais énumérer toutes les productions diverses dues à ce travail sans relâche. Rédacteur au *Journal de Pharmacie*, qui avait été fondé par mon grand-père et par M. Boullay mon grand-oncle, avec le concours de MM. Gadet-Gassicourt, Planche et Destouches, depuis 1831 jusqu'en 1875, mon père ne laissa jamais passer une année sans publier dans ce recueil des travaux importants. Souvent aussi il collabora à la rédaction des *Annales de chimie*, qui lui doivent d'intéressantes communications. Je passe sous silence les nombreuses expertises qui lui furent confiées par les tribunaux et par les parties, et dans lesquelles il déploya un tact, une prudence et une expérience consommés.

De flatteuses distinctions furent la récompense de cette vie d'incessant labeur. Nommé professeur agrégé à l'École de pharmacie, le 2 décembre 1845, mon père, qui avait rempli les fonctions de secrétaire général de la section de pharmacie au congrès médical de France, avait reçu l'année suivante, le 8 mai 1846, la croix de chevalier de la Légion d'honneur. En 1852, il entra au conseil d'hygiène et de salubrité, et quatre ans après il fut élu membre de l'Académie de médecine. Il y retrouvait le souvenir de mon grand-père, un des membres fondateurs de cette Compagnie, et mon grand-oncle, M. Boullay, qui en était le doyen respecté. C'était la réalisation de son vœu le plus ardent.

Au conseil de salubrité, à l'Académie de médecine il sut conquérir bien vite une situation exceptionnelle, et les rapports les plus importants lui furent demandés.

En 1854, il avait publié, avec le concours de M. Boutron, un important travail sur les eaux potables. Ces deux savants avaient imaginé un procédé rapide et sûr pour l'analyse des eaux, et, l'année suivante, l'Académie des sciences avait accordé le prix Monthyon au mémoire présenté par eux. Pendant vingt ans, mon père, appliquant cette méthode hydrotimétrique, a été le collaborateur et le guide des ingénieurs chargés par l'administration municipale de donner à la ville de Paris un service d'eau satisfaisant. Il fit aussi une étude approfondie, soit seul, soit avec M. Gérardin, des liquides provenant des égouts de la capitale, liquides corrompus, privés d'air respirable, et dont les émanations morbides étaient un danger redoutable pour les populations riveraines de la Seine sur les points où ils venaient se confondre avec les eaux du fleuve. C'est sur son initiative que l'on tenta de fertiliser les terrains stériles de la presqu'île de Gennevilliers par l'irrigation des eaux d'égouts, qui ne se jettent maintenant dans la Seine qu'après avoir abandonné aux terrains traversés et fécondés par elles tous leurs principes impurs et insalubres.

La ville de Paris doit donc à ses recherches et à ses travaux un service d'eau potable, saine et suffisamment abondante, et la modification d'un système d'égouts, dont le voisinage constituait pour elle un foyer permanent d'infection et d'insalubrité.

A l'Académie de médecine il prit une large part aux discussions et aux travaux de l'assemblée. Une question surtout, d'une haute importance, sollicita son intérêt et fut l'objet de ses études et de ses préoccupations constantes. Je veux parler de la protection à donner à l'enfance. C'est lui qui appela l'attention de l'Académie sur tous les points qui ont trait à l'hygiène de l'enfance. Il prit la parole dans toutes les discussions, obtint chaque année la présidence de la commission permanente nommée sur ses instances, et si, dans les sphères administratives, de notables progrès ont été réalisés, c'est à cette commission dont il était l'âme qu'en revient tout l'honneur.

Dans notre France, où toutes les idées généreuses trouvent un écho, où toutes les souffrances sont soulagées aussitôt que connues, les intérêts de l'enfance avaient rencontré dans les grandes villes des groupes d'hommes bienfaisants qui s'en étaient déclarés les généreux défenseurs. J'ai nommé les sociétés protectrices de l'enfance. La place de mon père y était marquée. Il présida pendant cinq années la société protectrice constituée à Paris. Il fut le plus ardent de ses membres, et il imprima à cette œuvre naissante la plus vigoureuse impulsion. Le but de ses efforts était bien noble et bien élevé. Il voulait tirer le pays de la coupable indifférence avec laquelle il laisse périr tous les ans tant d'enfants dont l'existence aurait constitué sa richesse et assuré sa grandeur. Il s'épuisa dans cette lutte contre l'ignorance, l'apathie et l'oubli des devoirs les plus sacrés.

On croirait aisément que des occupations si diverses suffisaient à satisfaire son activité. Il n'en était rien cependant. Appelé par M. Thénard, son vénéré maître, à concourir à l'organisation de la société de secours des Amis des sciences, il avait donné à cette création toute son activité et tout son zèle. Il trouvait dans cette belle œuvre la satisfaction des deux sentiments les plus chers à son cœur : l'amour des pauvres et l'amour de la science, puisque cette admirable société a été fondée par Thénard pour venir en aide aux familles des savants qui ont bien mérité de la science en lui sacrifiant leur fortune. A la mort de son ami, M. de Senarmont, il fut nommé secrétaire général de la société (1860), et pendant vingt ans, il en fut l'âme et la vie.

Tous ceux qui l'ont connu dans l'exercice de ces diverses fonctions, ont admiré le dévouement et la passion avec lesquels il se prodiguait pour les œuvres de bienfaisance. Mais ceux-là seuls qui ont vécu dans son intimité, ont pu pénétrer les trésors de charité que recélait ce noble cœur. Que de misères cachées il a secourues, et avec quelle délicate et mystérieuse industrie ! Que de démarches, que de temps employé à rendre les services les plus variés ! Que de jeunes gens, sans moyens d'existence, tirés de la misère et mis en valeur par lui ! Son ardeur à rendre service était incomparable. Toute grande que fût sa générosité, elle avait pour limite l'étendue de ses ressources ; mais son zèle pour obliger était vraiment sans mesure.

Qui pourrait dire aussi toute sa tendresse pour les siens, toutes les vertus domestiques dont il nous a laissé le précieux souvenir ! Fils respectueux, soumis, affectionné, il fut aussi chef de famille incomparable. Malgré des occupations si multipliées, dont je n'ai retracé que bien imparfaitement le nombre, il ne put se résigner à se séparer de ses enfants et il s'imposa la lourde tâche, en faisant suivre à mon frère et à moi les cours du collège, de veiller sur nos études dans les intervalles des classes, et de suppléer par de véritables répétitions aux explications mal comprises ou insuffisantes des professeurs. Une longue et cruelle épreuve devait mettre en lumière plus vive encore tout son amour, tout son dévouement paternels, et faire à son cœur si aimant une incurable blessure. A l'âge de dix-sept ans ma sœur fut atteinte d'une maladie dont la cause et le vrai caractère n'ont jamais été bien connus. Pendant sept ans mon père et ma mère lui prodiguèrent les soins les plus dévoués. Pendant sept années ils luttèrent contre les progrès du mal avec une énergie passionnée.

C'était pitié de voir cette jeune fille si belle, si intelligente, si sympathique, marcher à pas lents vers la tombe. C'était pitié de voir ce père et cette mère assister, les yeux pleins de larmes et le cœur déchiré, à cette longue agonie. Témoins impuissants de ses cruelles douleurs, de ses regrets généreusement combattus, avec quel serrement de cœur ils voyaient de jour en jour ses traits s'amaigrir et son visage si pur prendre une expression plus céleste encore. Elle était trop bonne, trop délicate pour cette terre. Les Anges l'attendaient au ciel épurée par la souffrance. Dieu la prit le 13 septembre 1868. Son doux et charmant souvenir ne s'effacera jamais des cœurs qui l'ont connue et qui n'ont pu la connaître sans l'aimer, sans payer à sa chère mémoire le tribut de leurs pieux regrets. Comment exprimer le désespoir de ce père si dévoué, de cette tendre mère qui n'avaient pas quitté d'un moment le lit de douleur de leur enfant bien-aimée ! Mon père fut inconsolable jusqu'à la mort, et ma mère ne verra jamais se combler le vide de cette cruelle séparation.

Mon père chercha dans un travail plus assidu encore un adoucissement à son chagrin. Dès lors le conseil de salubrité, l'Académie de médecine, les soins qu'il donnait à la Société protectrice de l'enfance et à la Société de secours des Amis des sciences se partagèrent tous ses instants. C'était trop pour ses forces diminuées par l'âge et la douleur. Dans le courant de l'été 1875, il ressentit, sous la forme d'une légère congestion cérébrale, les premières atteintes du mal qui devait l'enlever.

Il dut dès lors renoncer peu à peu au travail qui avait charmé sa vie. Mais la miséricorde de Dieu ménageait à ses dernières années une consolation plus parfaite, la lumière de la foi. J'ai dit que mon père, sans conserver la pratique religieuse, avait dû à sa pieuse mère des sentiments profondément spiritualistes, un grand respect des choses saintes. La piété de ma mère, nos premières communions, la mort de ma sœur Marie, le sacrifice de sa vie généreusement offert à Dieu avaient ranimé à diverses reprises ces sentiments dans son âme. Il reçut, trois ans avant sa mort, comme un avertissement d'en haut, les premières atteintes du mal auquel il devait succomber. Le spectacle de la maladie lui était trop familier pour qu'il pût se faire illusion sur son état. Il regarda venir la mort en face et ne pensa plus qu'à s'y préparer par la pratique fervente de toutes les vertus chrétiennes. Pendant trois ans nous l'avons vu décliner peu à peu, sans que la lucidité de son esprit et la chaleur de son cœur en fussent diminuées. Sa langue s'embarrassa légèrement, ses jambes s'affaiblirent. Il ne marchait plus dans les derniers temps que par mouvements raides et saccadés. Il assistait en pleine connaissance à cette lente diminution de ses forces avec une admirable résignation, avec une acceptation parfaite de la volonté de Dieu, sans que les préoccupations de sa santé affaiblissent en rien la chaleur de son cœur et la délicatesse de ses affections. Peu de temps avant sa mort il perdit sa dernière sœur, Mme Bédel, qu'il avait toujours tendrement aimée et que de longues années de souffrances lui avaient rendue plus chère encore. Cette perte lui causa une impression aussi profonde qu'avaient fait de semblables malheurs, le frappant en pleine jeunesse et en pleine santé. Enfin, le 9 mars 1878, il s'alita. Depuis ce jour la fièvre ne le quitta plus, et il déclina visiblement. Avec quel amour attendri, avec quelle sérénité sublime il se prépara à quitter ceux qu'il avait tant aimés, donnant avec une lucidité parfaite ses dernières instructions et ses derniers conseils, n'oubliant pas surtout les pauvres, ses constants amis, recommandant ma mère à nos soins pieux, bénissant ses enfants, ses petits-enfants, hélas ! loin de lui ! Enfin, après avoir demandé lui-même et reçu les derniers sacrements avec une ferveur admirable, le 8 août 1878, à 8 heures et demie du matin, il expirait doucement, couronnant par une mort de saint une vie de dévouement et d'abnégation.

Je n'ai pu donner ici qu'une faible idée de la valeur morale de ce père bien-aimé. J'ai voulu seulement retracer pour mes enfants qui l'ont, hélas ! trop peu connu, les principaux caractères de la vie de leur grand-père qui les chérissait si tendrement. Que ce soit pour eux un ineffaçable souvenir et un grand exemple ! J'ai voulu aussi offrir cet hommage à ma mère si cruellement éprouvée. Elle a été la compagne fidèle et tendre du père bien-aimé que nous pleurons. Elle a partagé toutes ses joies, adouci toutes ses douleurs. Elle a entouré ses derniers moments des soins les plus touchants. Son dernier regard a été pour elle, comme le dernier battement de son cœur. Que ce soit là sa suprême consolation, jusqu'au jour béni de la réunion qui sera éternelle !

E. BOUDET.

Le Mans, 7 décembre 1879.

Le Mans. — Typ. Ed. Monnoyer.

www.ingramcontent.com/pod-product-compliance
Ingram Content Group UK Ltd.
Pitfield, Milton Keynes, MK11 3LW, UK
UKHW012131240726
13965UKWH00005B/2113

9 782013 042208